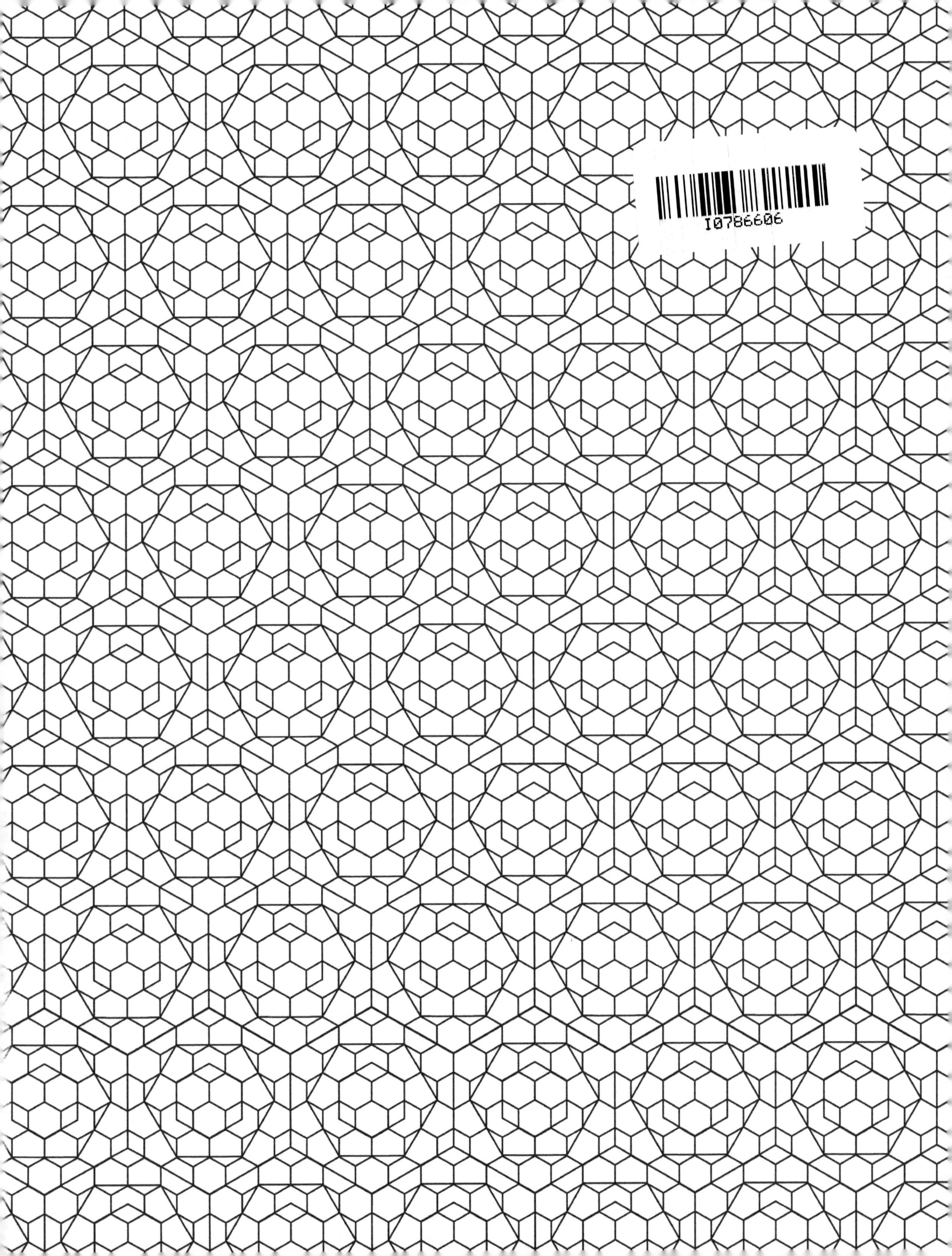

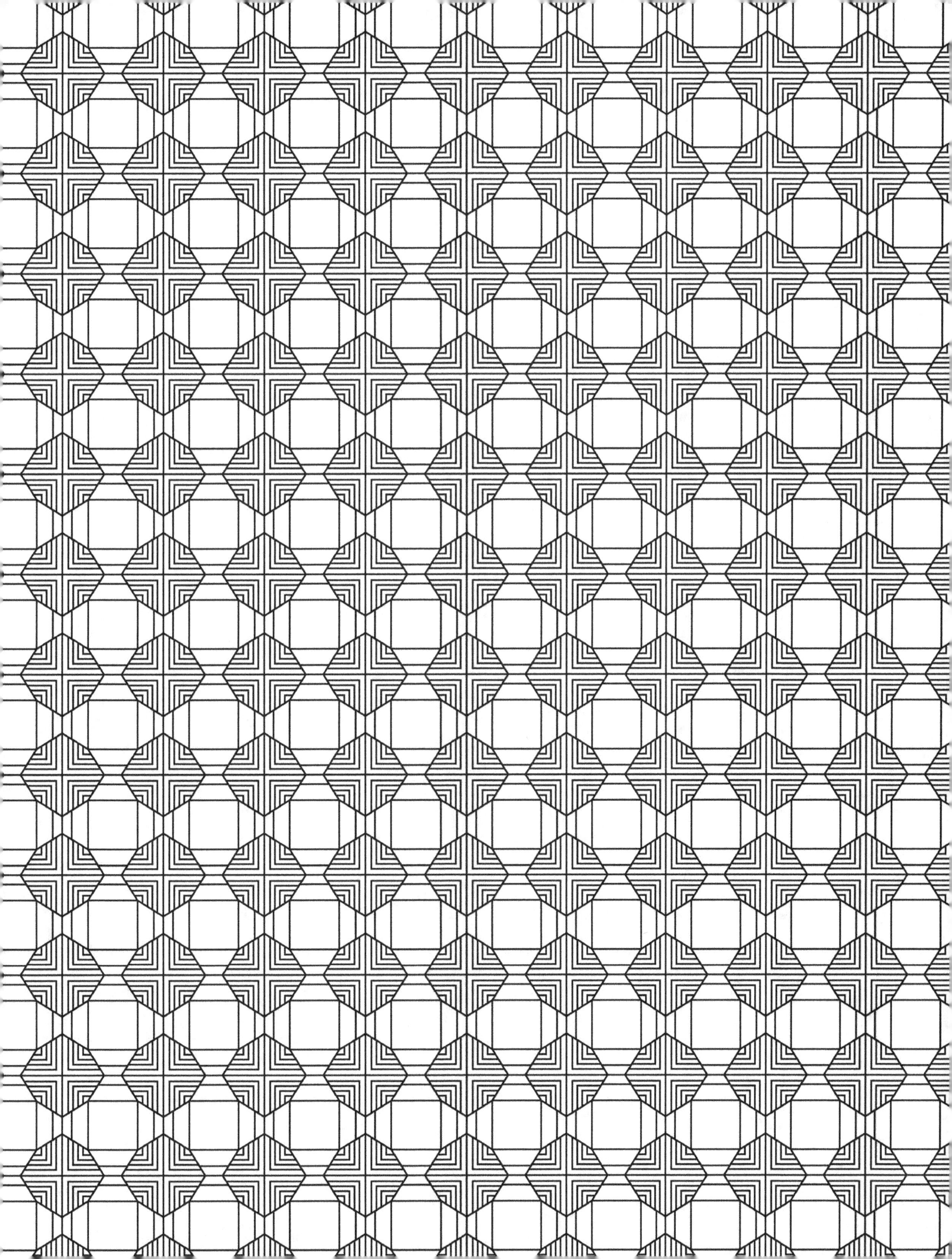

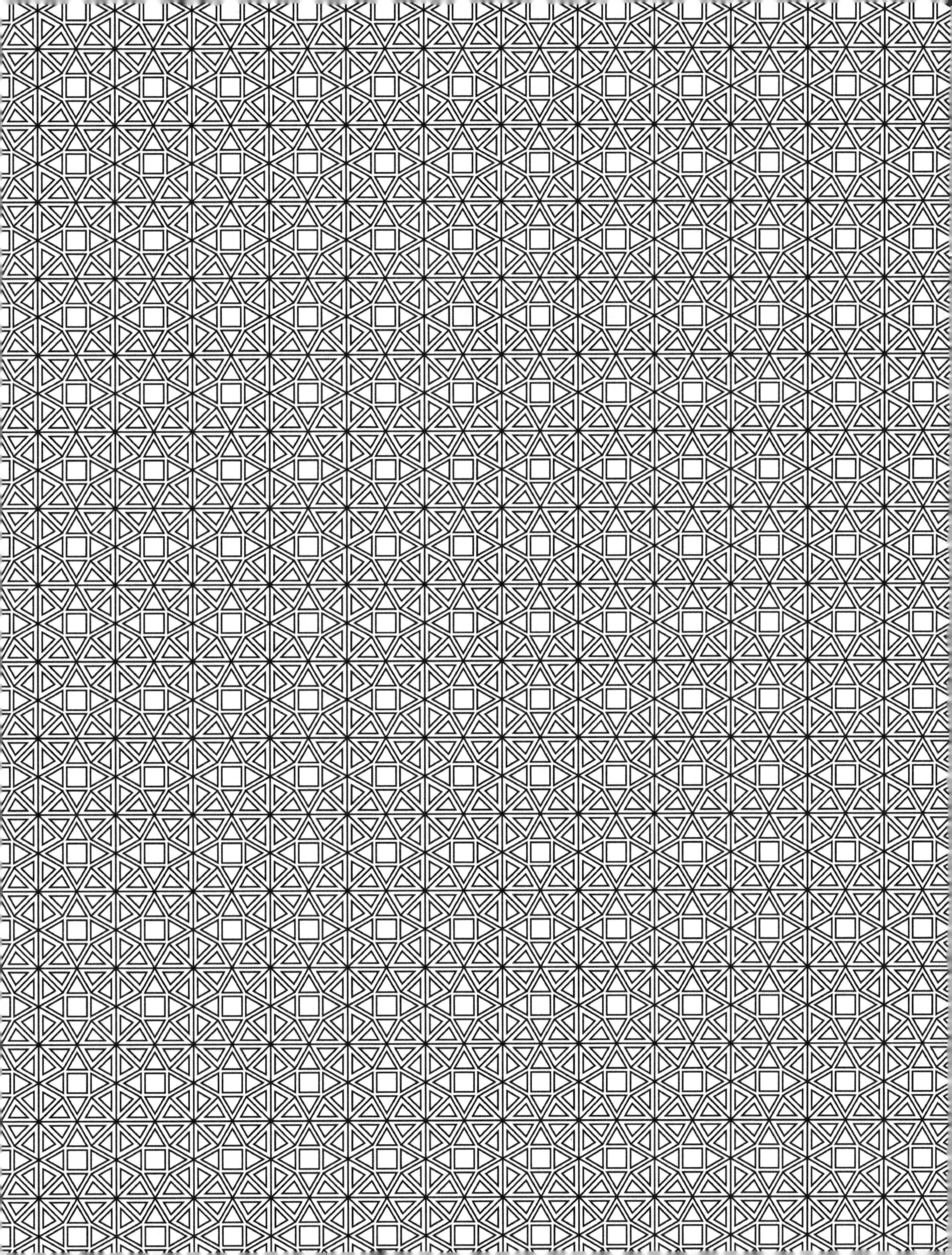

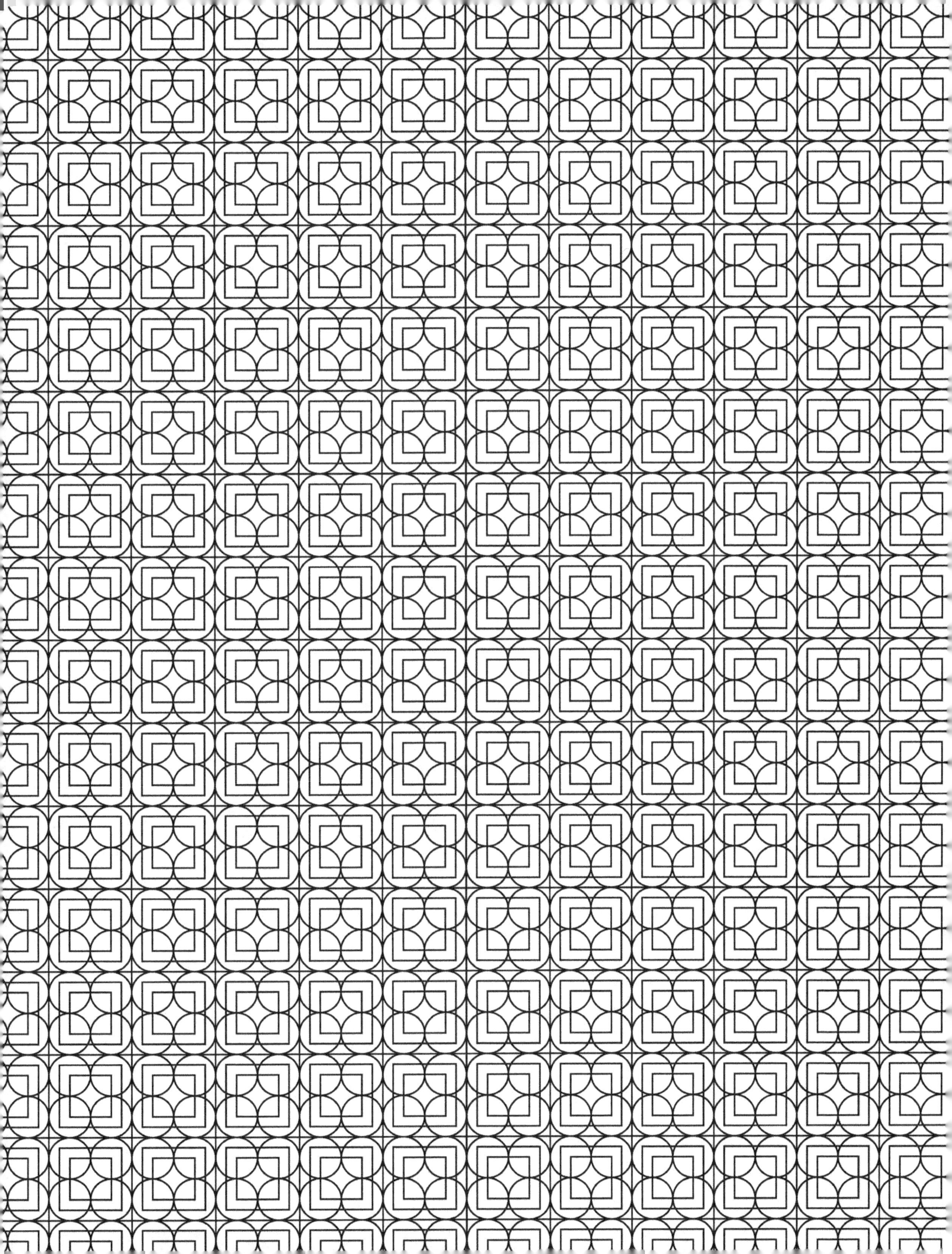

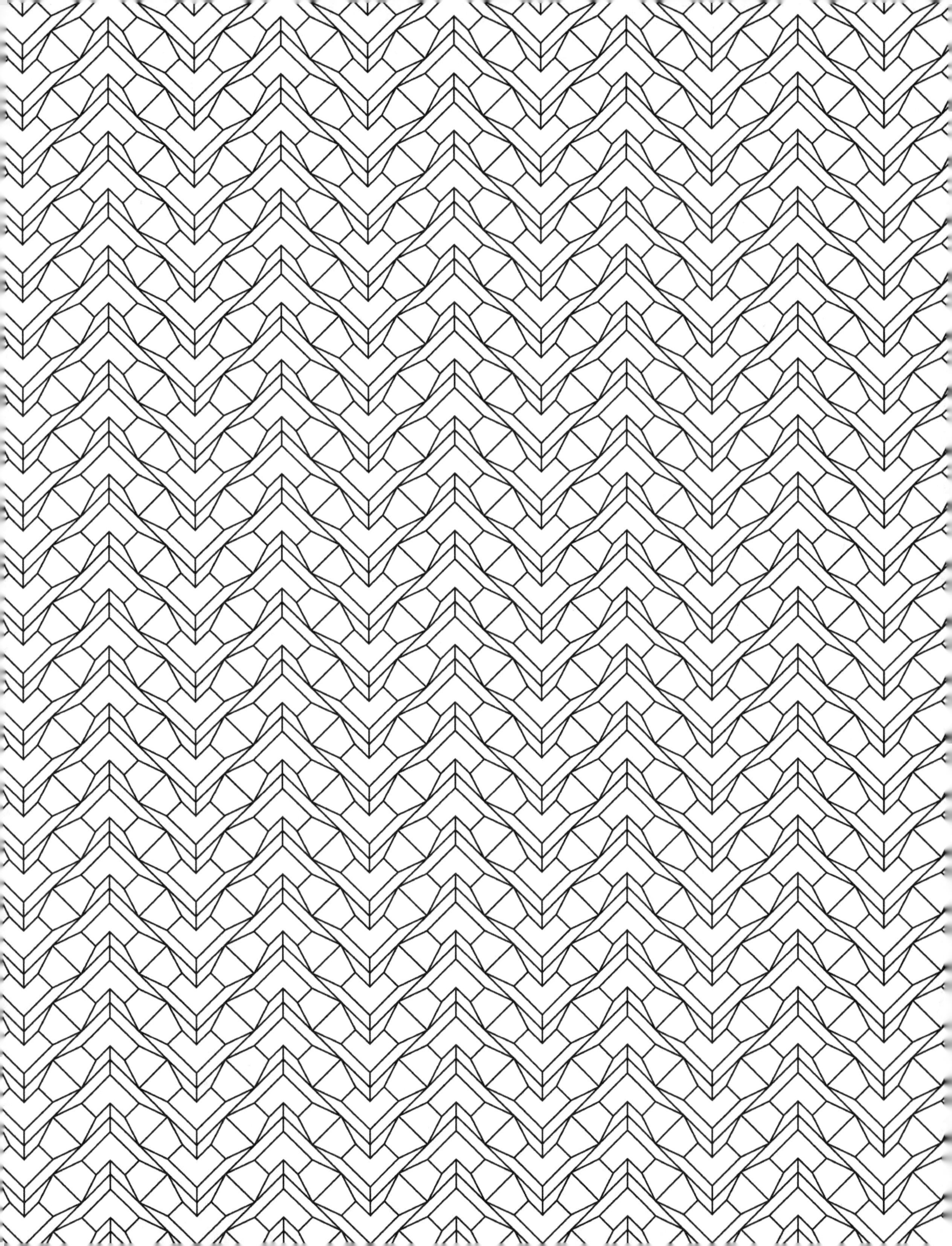

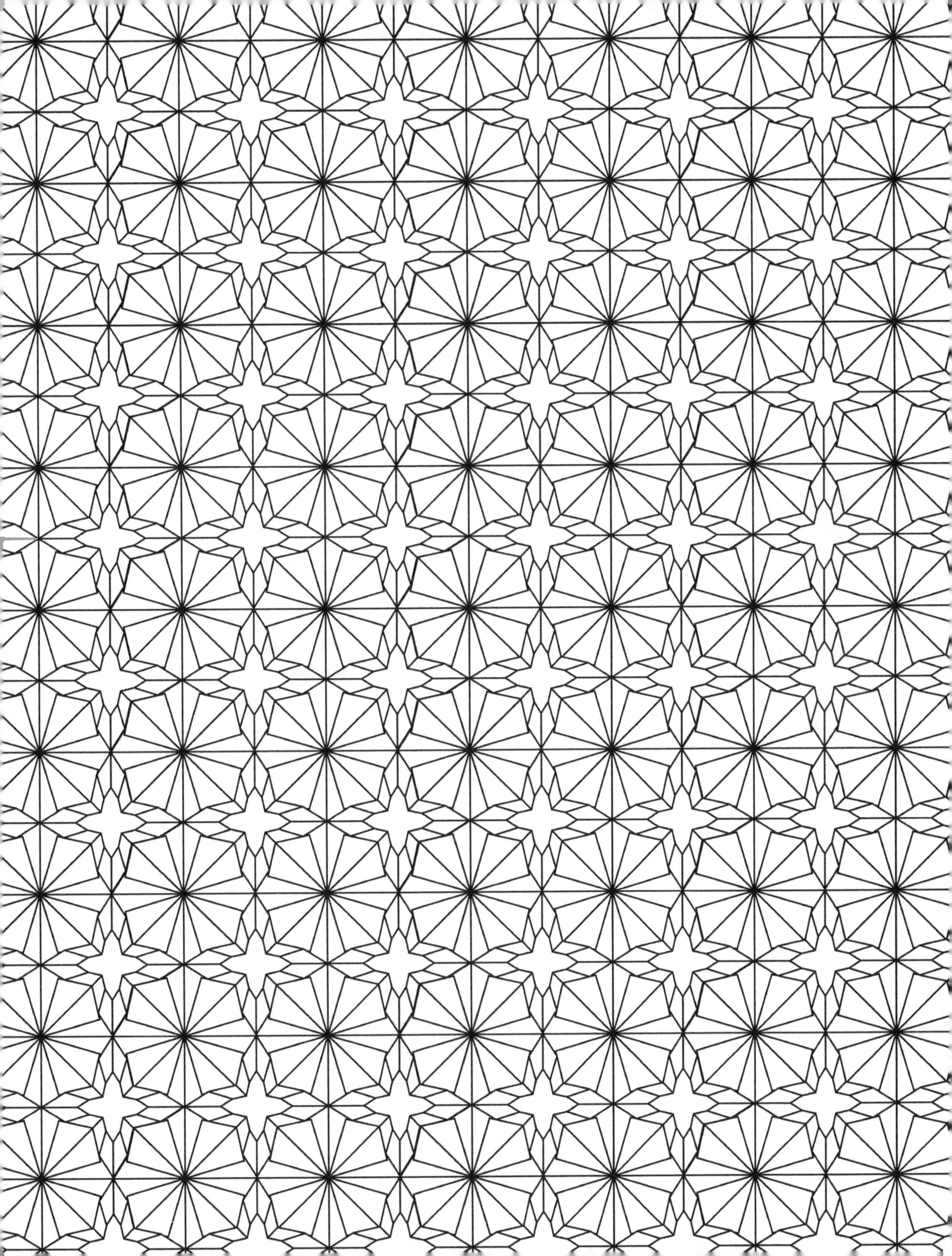

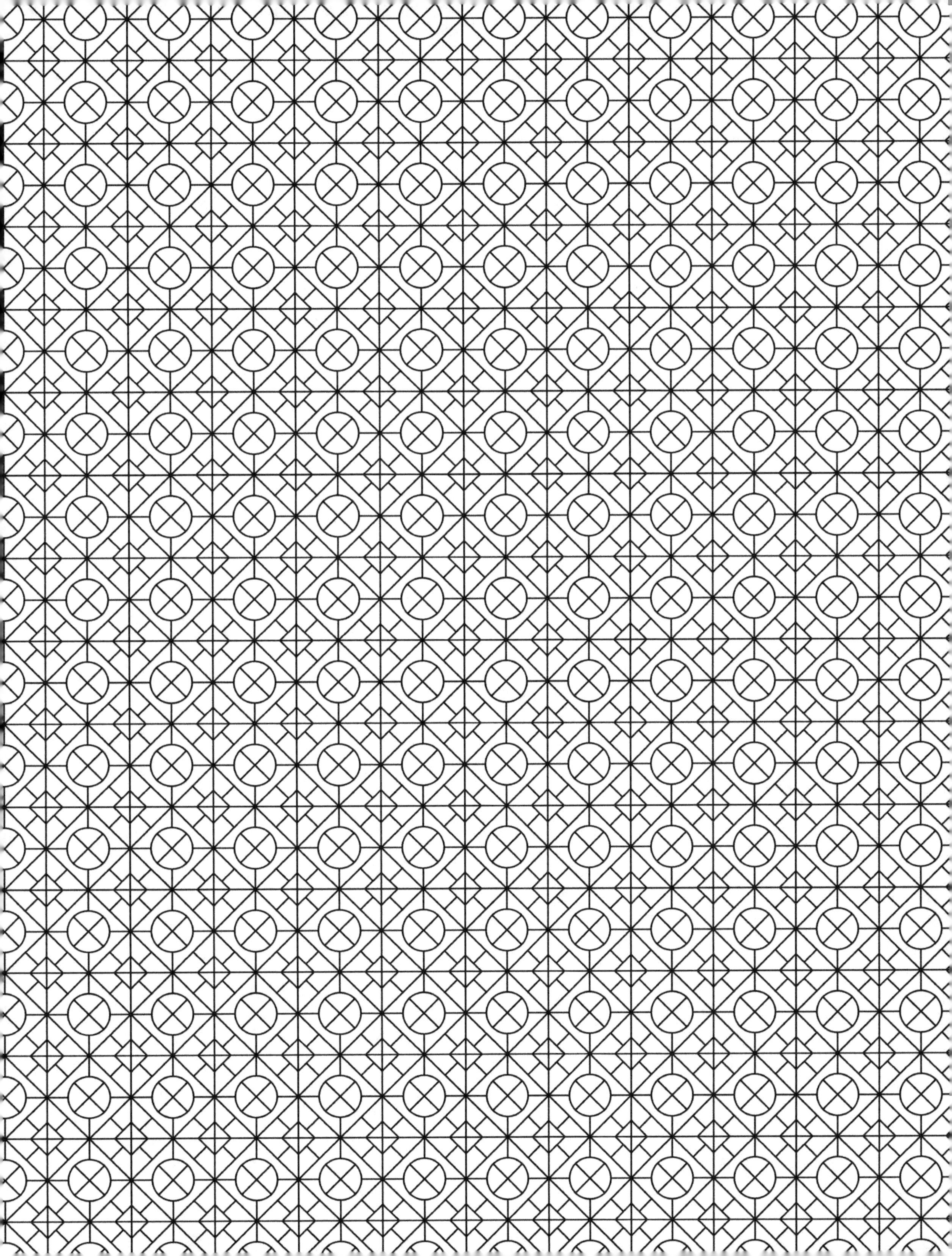

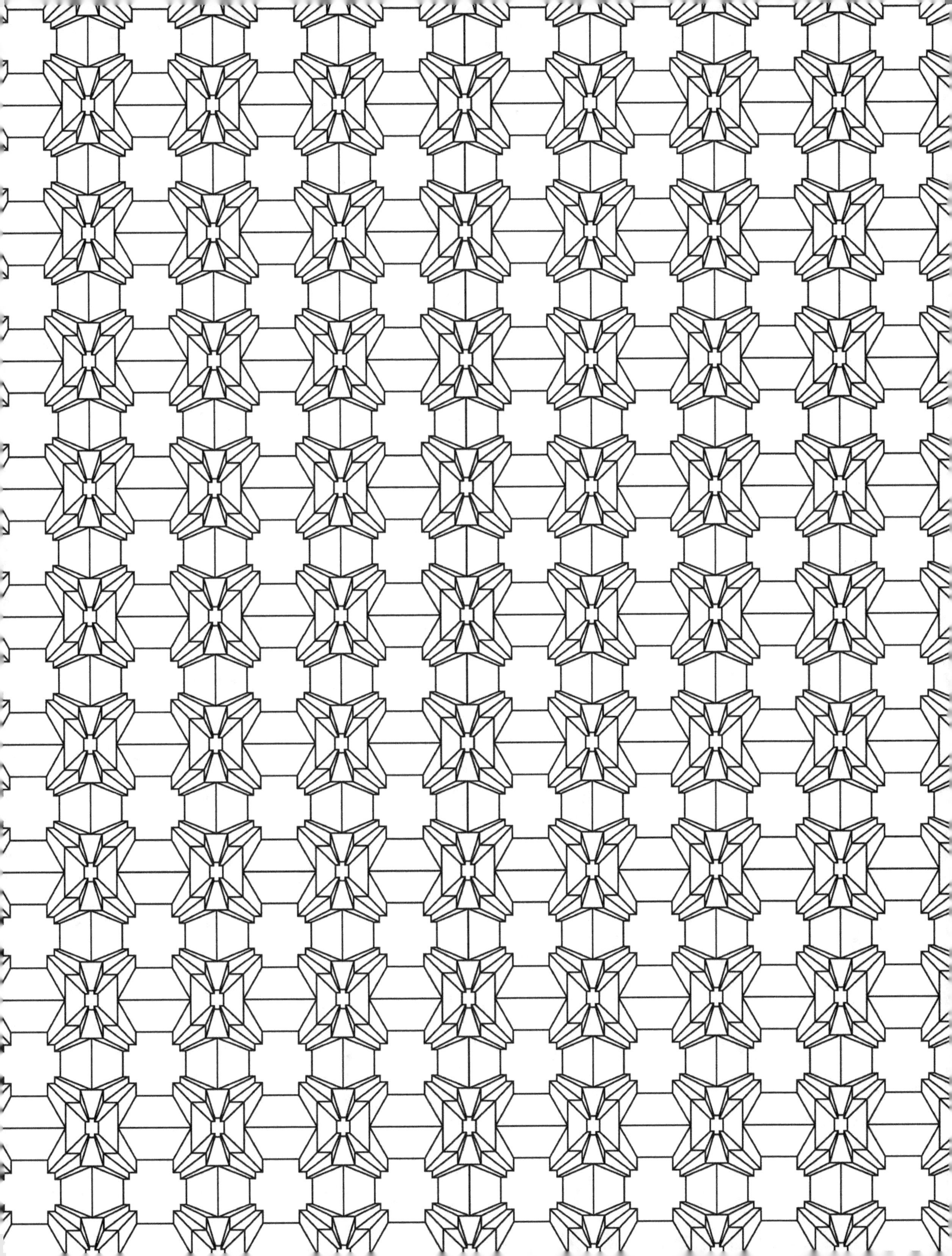

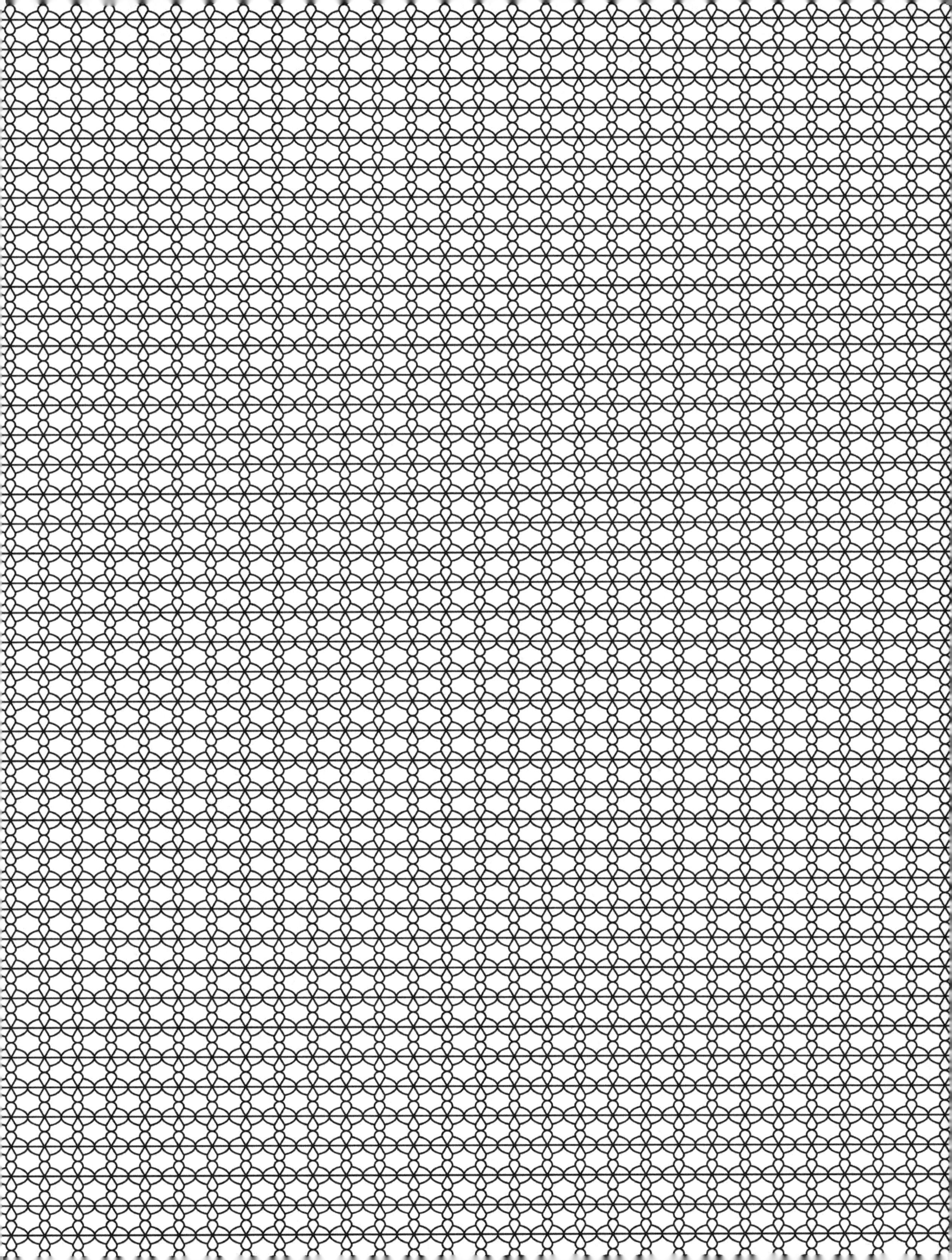

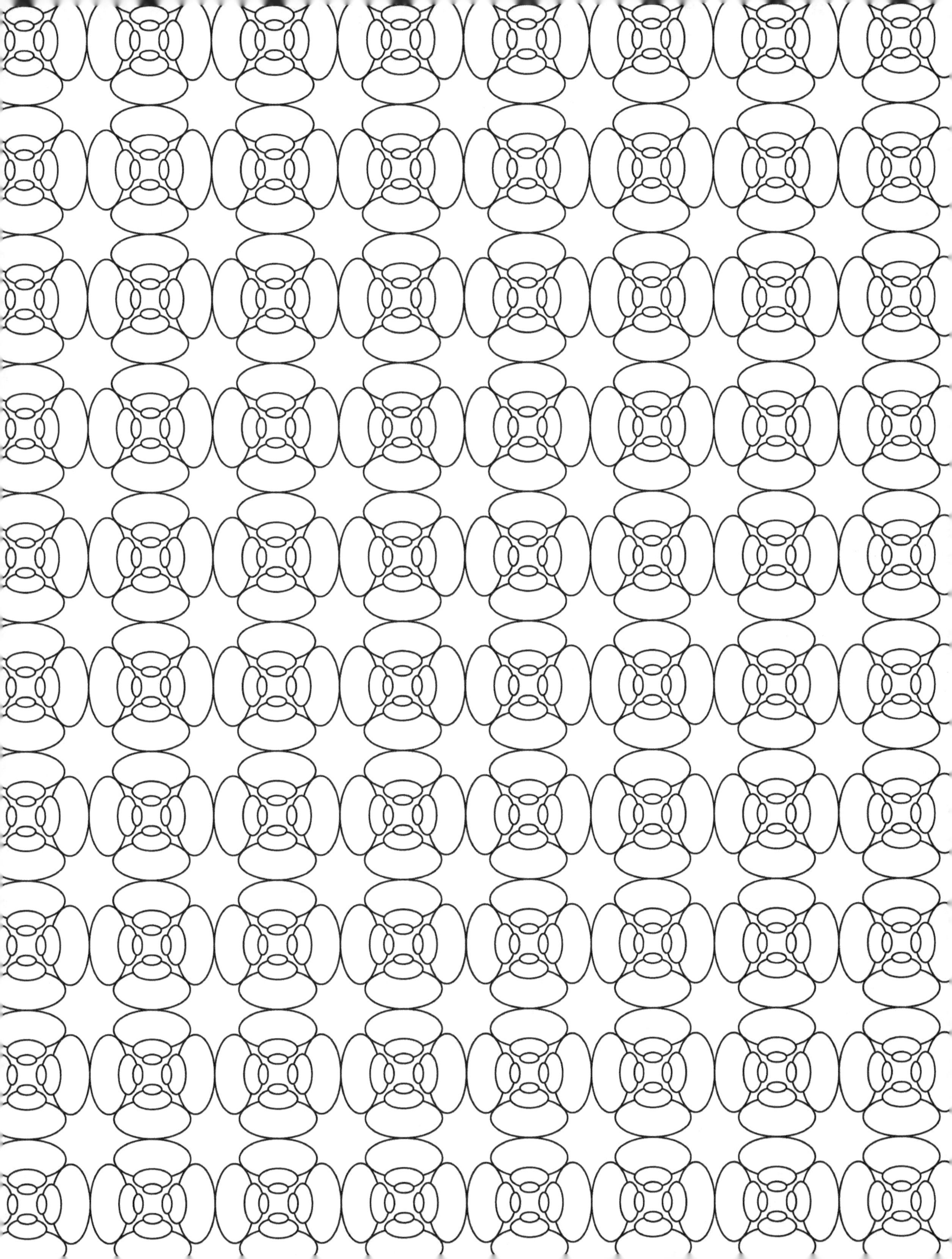

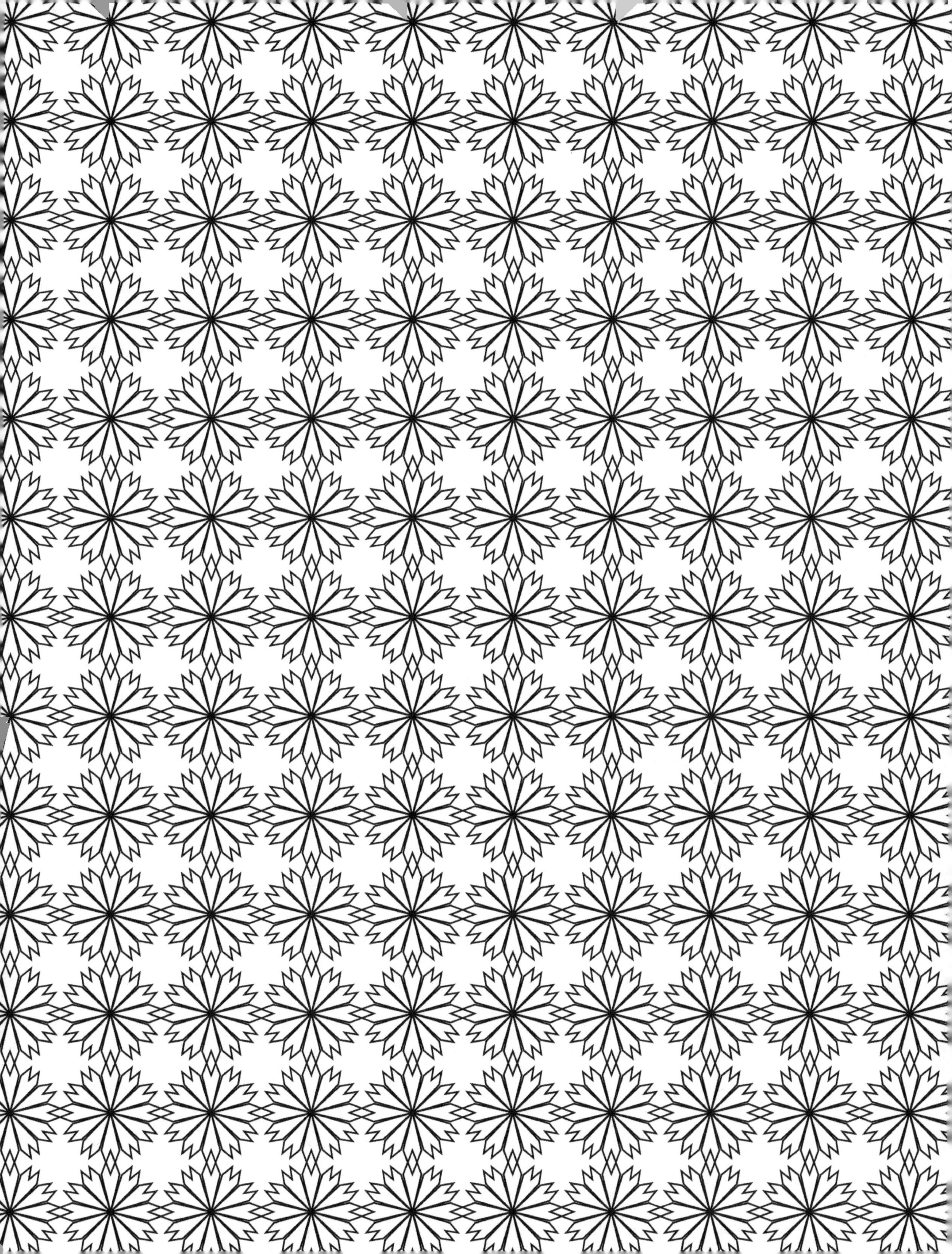

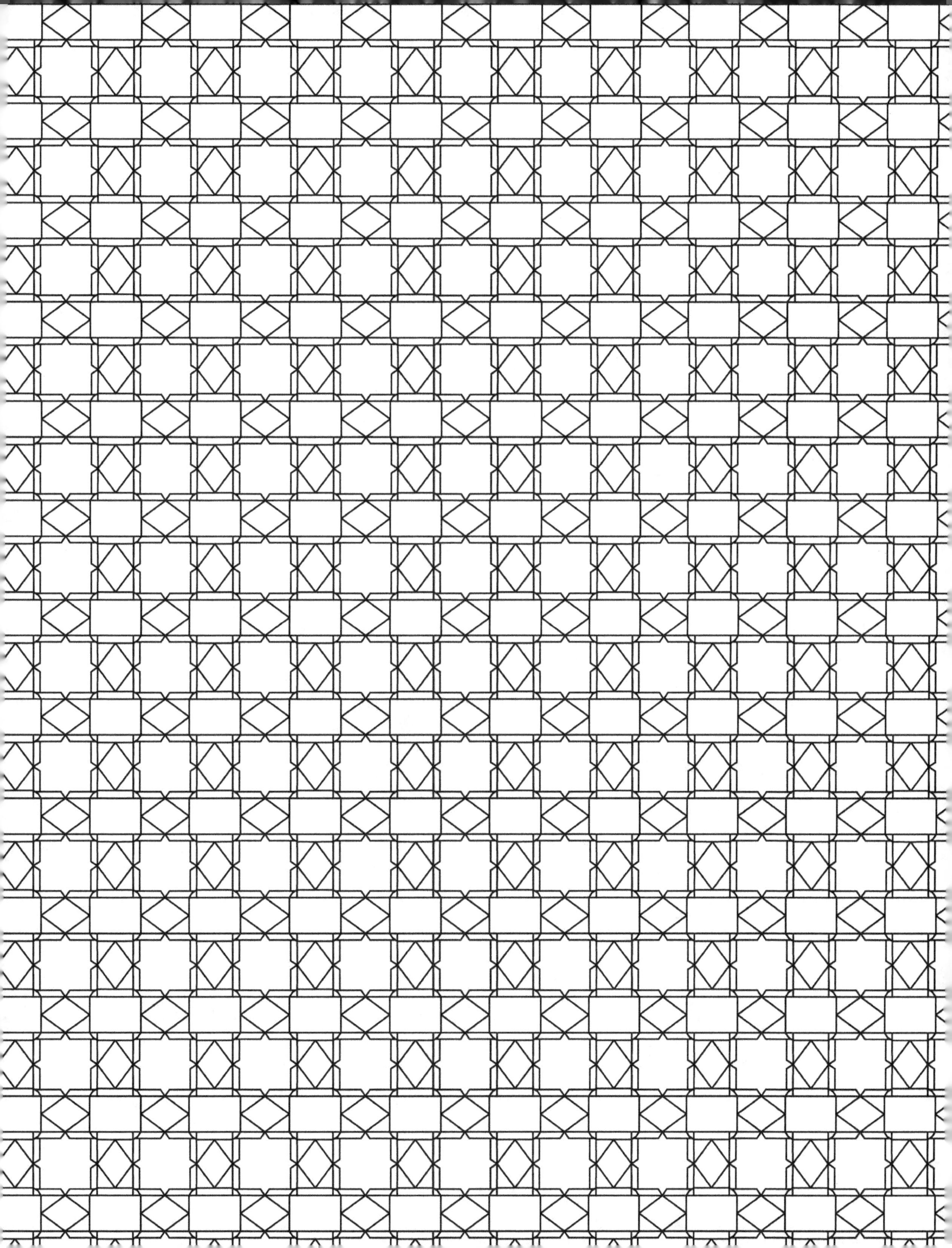

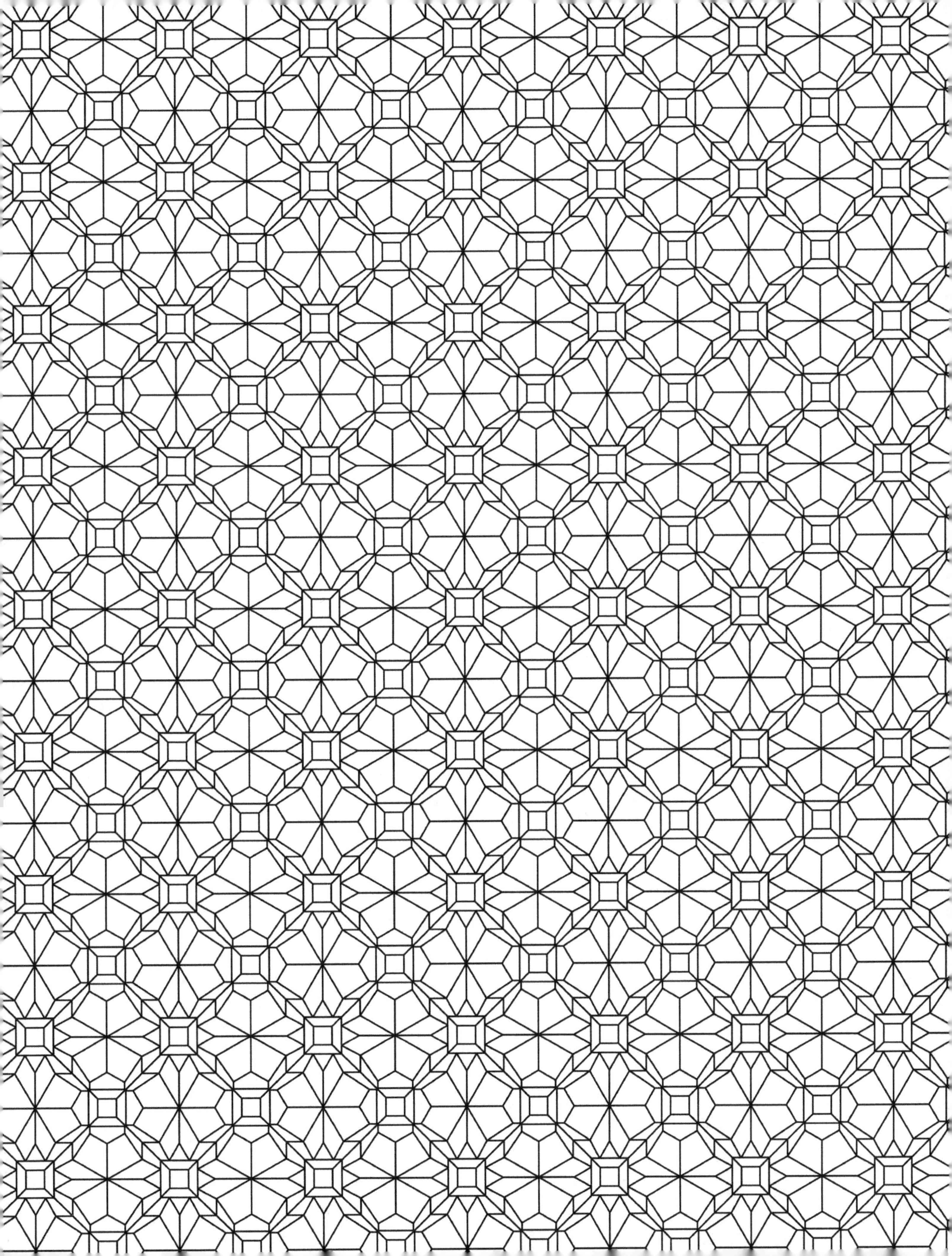

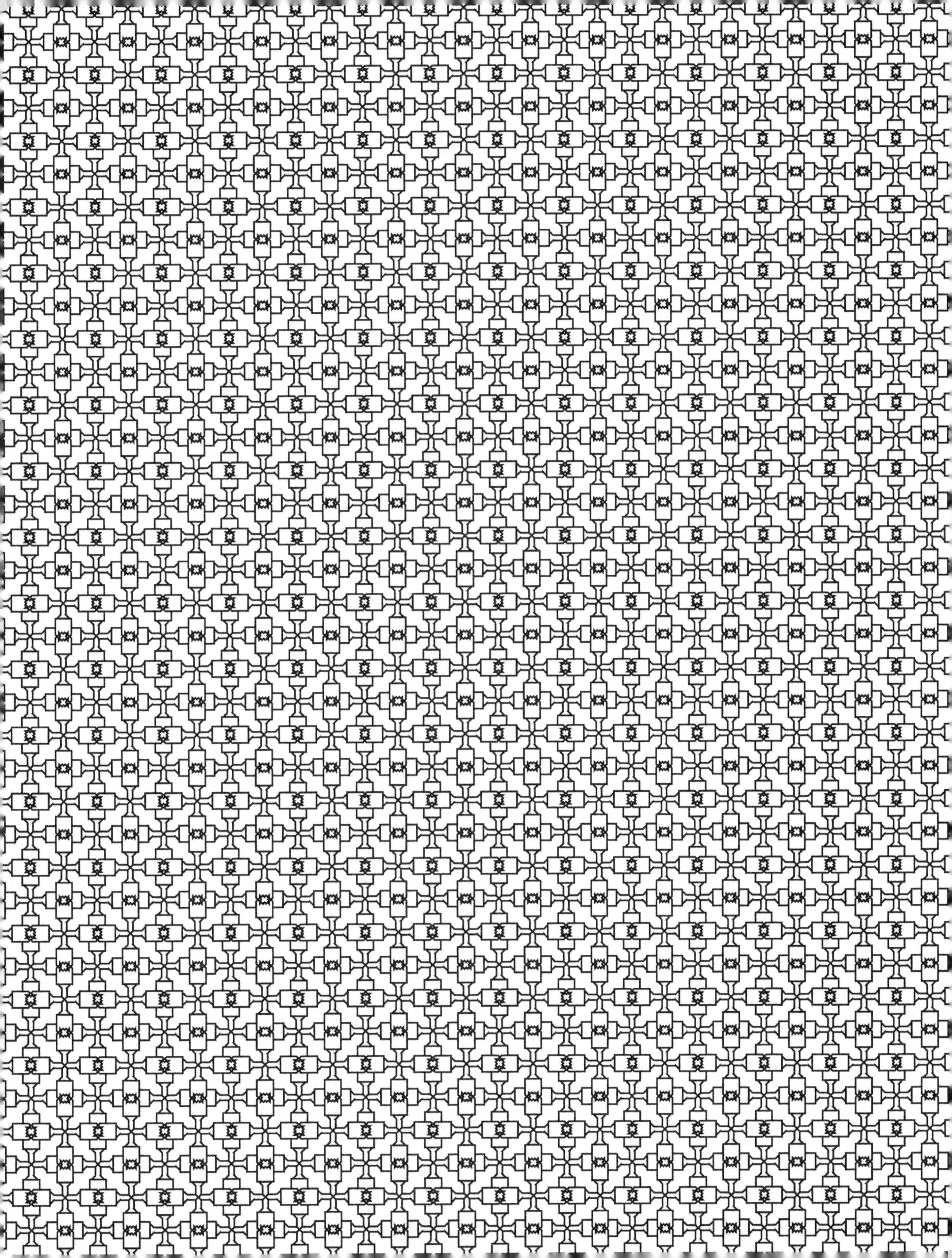

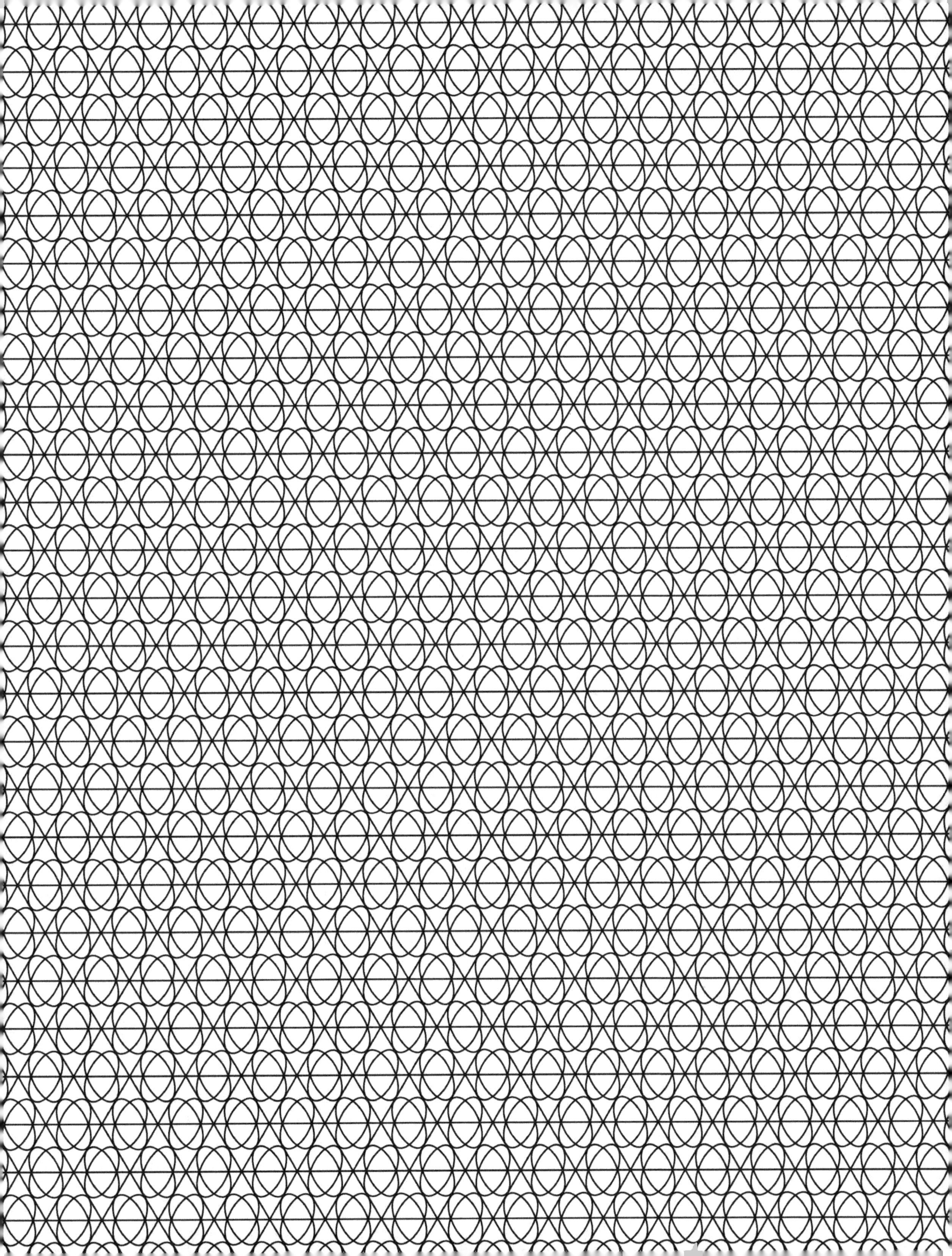

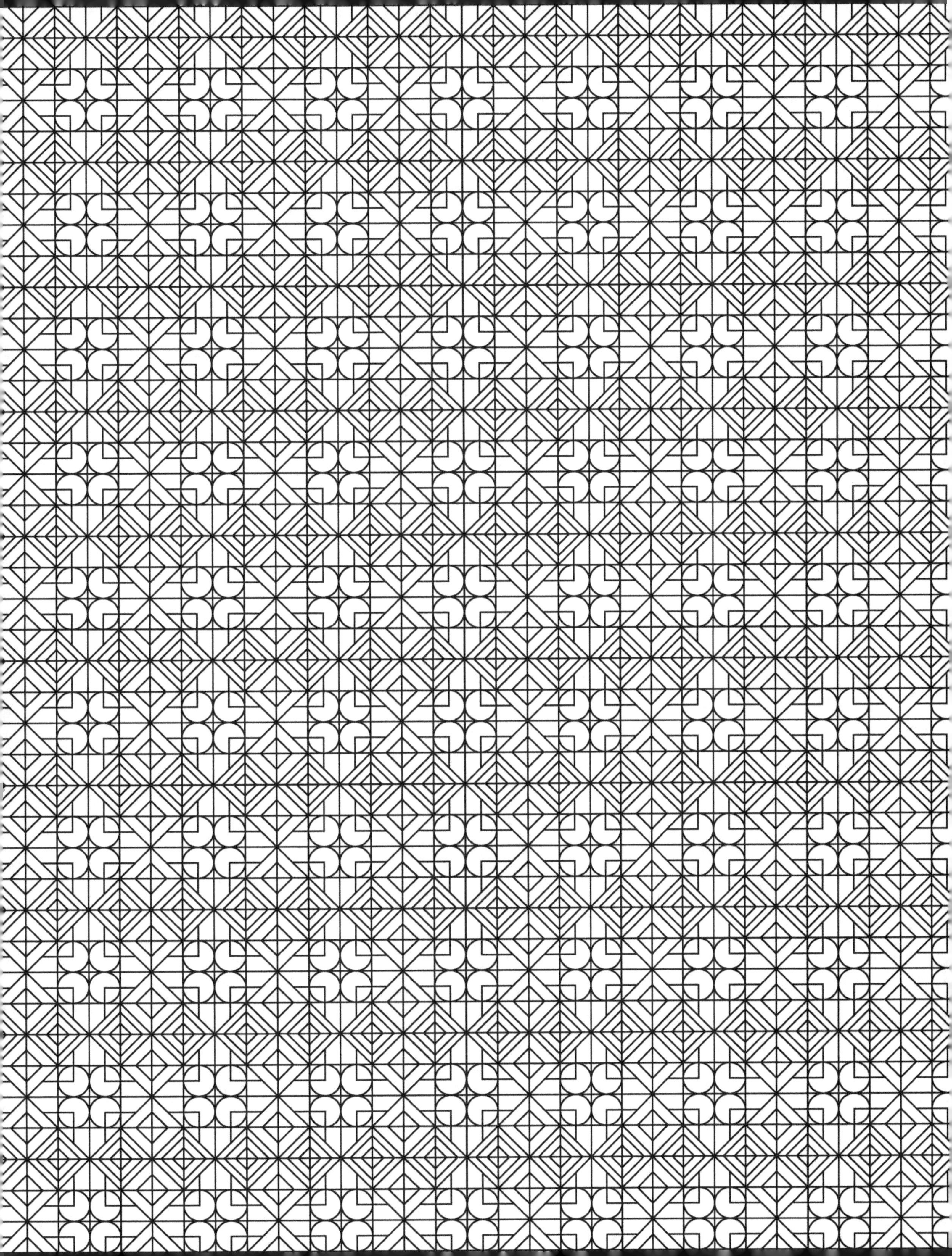

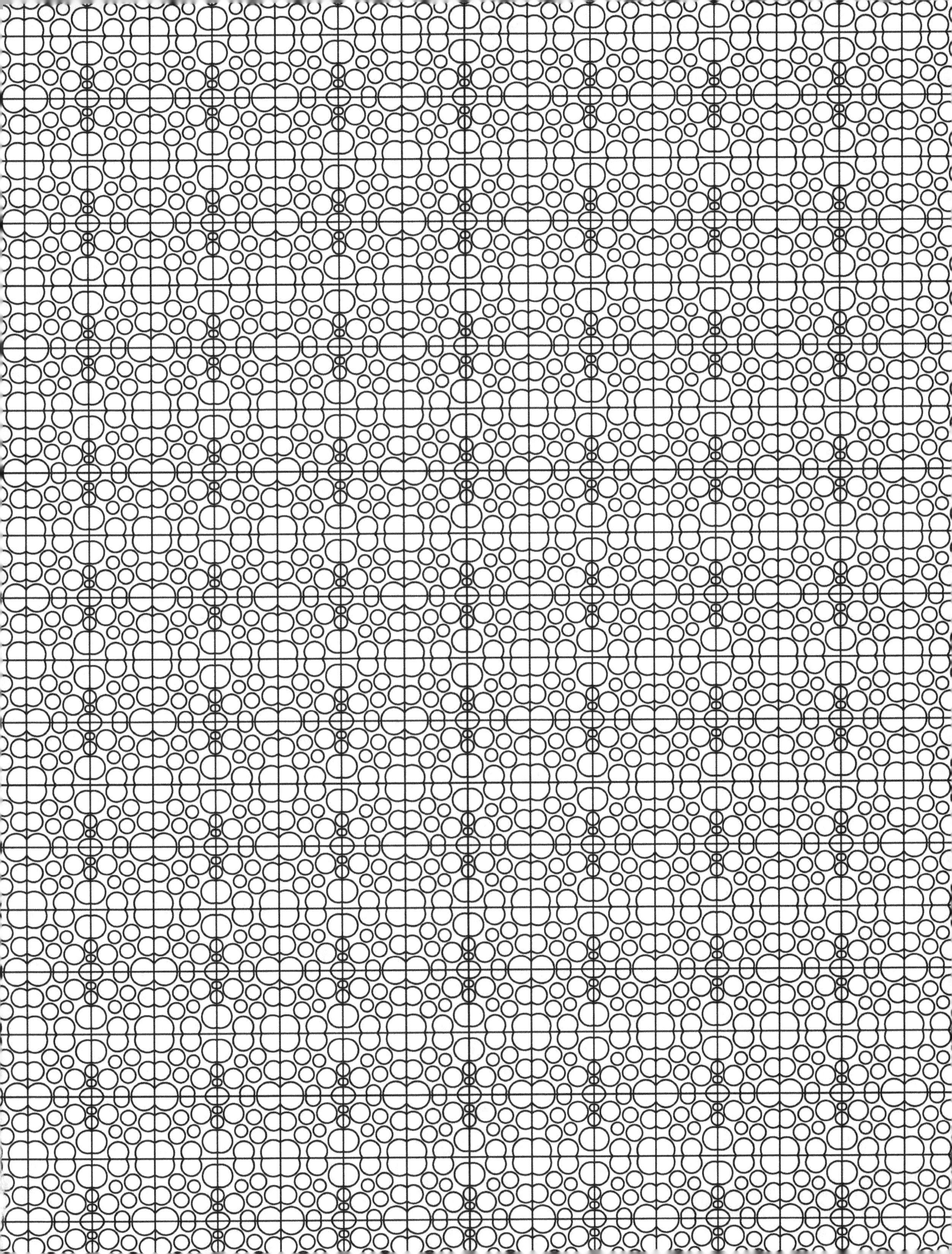

www.ingramcontent.com/pod-product-compliance
Lightning Source LLC
Chambersburg PA
CBHW082332270726
48658CB00018B/3244
* 9 7 8 1 7 1 7 5 8 4 3 1 1 *